# Inhalt

**Ein Aztekenmarkt**

Dieses zeitgenössische Wandgemälde hält die Farbenpracht und das geschäftige Treiben eines Aztekenmarktes fest. Neben den Händlern sieht man Medizinmänner, die den Kranken ihre Dienste anbieten.

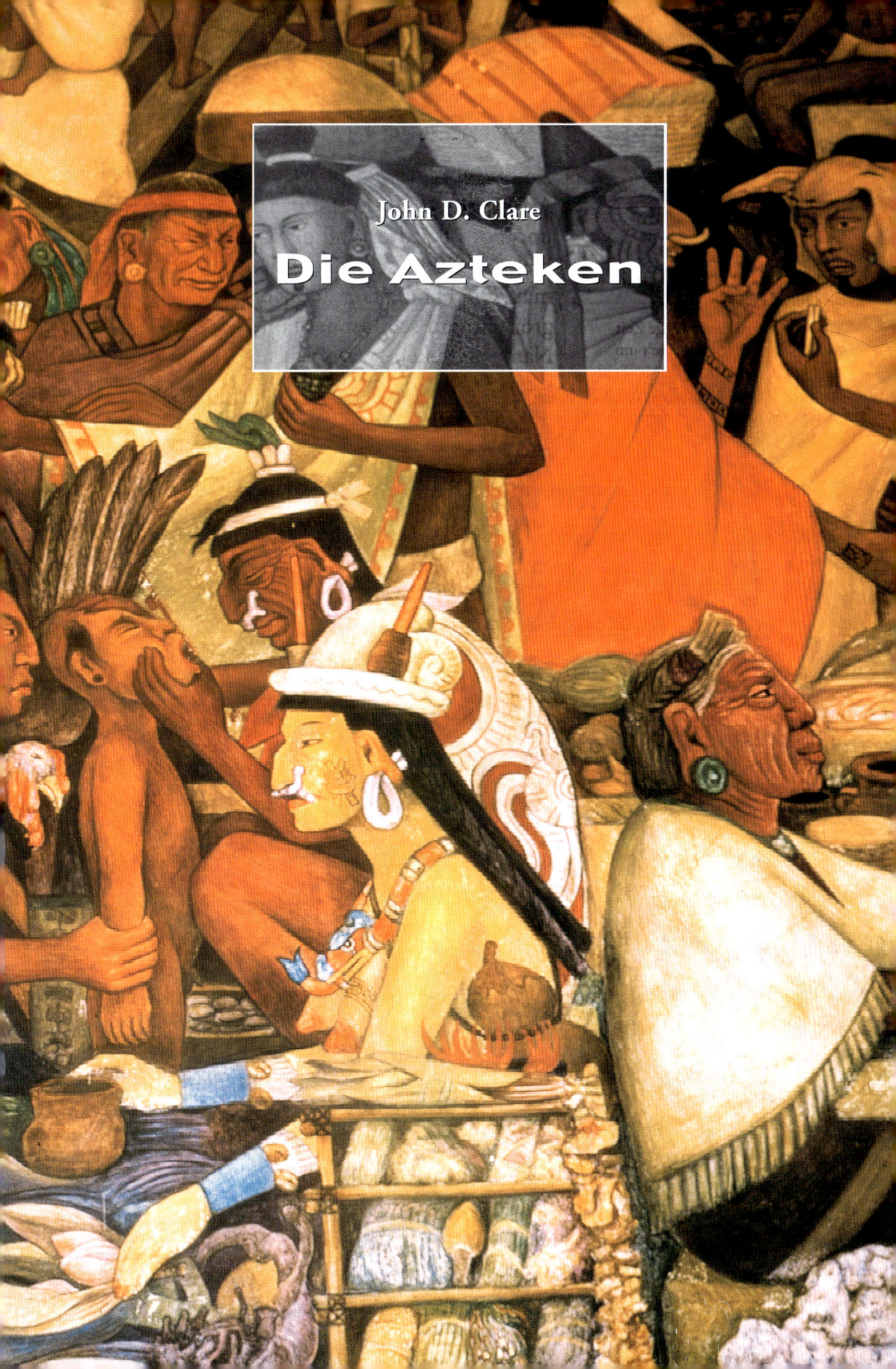

John D. Clare

# Die Azteken

# Wer waren die Azteken?

Zu seiner Blütezeit im Jahr 1519 umfasste das Aztekenreich 200 000 Quadratkilometer Land und bot über drei Millionen Menschen mit mehr als 20 verschiedenen Dialekten eine Heimat. Die Hauptstadt Tenochtitlan war eine der größten und schönsten Städte der Erde. Der Name »Azteken« war noch nicht gebräuchlich; die Menschen sprachen von sich als »Mexica«. Sie waren als Nomaden um 1100 ins heutige Mexiko gekommen. Um 1370 gründeten sie Tenochtitlan, das nach dem mythischen Stammesführer Tenoch benannt wurde. In weniger als zwei Jahrhunderten wuchs, erblühte und starb die Aztekenkultur. Die Azteken büßten ihre grimmige Nomadennatur nicht ein. Ihre Herrschaft war tyrannisch und blutdürstig. Ihre Kultur glich, so ein Spanier, »einer in der Geschichte einmaligen Schlächterei«.

## Zeichen der Götter

Die Mexica waren lange Zeit Nomaden gewesen, doch um 1300 ließen sie sich in der Stadt Colhuacan nieder. Dort opferten sie die Tochter eines ortsansässigen Adligen und zogen ihr die Haut ab. Die entsetzten Einwohner vertrieben die Eindringlinge, und die Azteken flohen an einen nahe gelegenen sumpfigen See. Am nächsten Tag sahen sie das Zeichen, auf das sie gewartet hatten – einen Adler (siehe unten). Daraufhin bauten sie die Stadt Tenochtitlan auf einer Insel im See.

## Geschönte Herkunft

Dem Aztekenherrscher Itzcoatl missfiel die Vorgeschichte seines Volkes als barbarische Nomaden. Er zerstörte alle Zeugnisse, die das belegten. Stattdessen hieß es nun, die Azteken seien einst aus der gleichen Stadt gekommen wie die Tolteken, die bei den Azteken Aztlan hieß. Dort habe der Stammes- und Kriegsgott *Huitzilopochtli* (rechts) ihnen aufgetragen, sich eine neue Heimat zu suchen. Sie würden den Ort, so der Gott, an einem Adler erkennen, der mit einer Schlange im Schnabel auf einem Kaktus sitze.

## Grimmige Schönheit

Vieles an der Aztekenkultur ist den Historikern ein Rätsel. Einerseits war sie farbenprächtig und schön, andererseits blutdürstig und unmenschlich. Diese kunstvolle, türkisfarbene Maske beispielsweise diente einem grässlichen Zweck: Ihr Träger wurde in einer religiösen Zeremonie vermutlich geopfert und anschließend verspeist.

## Toltekische Tempel

Auf ihrem Weg ins heutige Mexiko stießen die Azteken auf Überreste vergangener Zivilisationen. In den Tempelruinen der Toltekenhauptstadt Tula fanden sie riesige Statuen wie diese. Die Azteken waren so fasziniert von der Kunst der Tolteken, dass sie sie nachzuahmen begannen. Itzcoatl, der 1427 die Regierung übernahm, behauptete gar, von den Toltekenherrschern abzustammen.

## Aztekenherrschaft

In Tenochtitlan gab es weder Ackerland noch Wald, dafür aber Salz (in einem warmen Land besonders wichtig) und Wasser, und zum Essen Vögel, Fische und Frösche. Die Azteken bauten nach und nach ihre Macht aus und eroberten die benachbarten Völker. Sie behaupteten gern, ein großes Reich zu besitzen, doch waren sie niemals allmächtig, sondern regierten immer mithilfe der beiden Städte Texcoco und Tlacopan. Es gab auch Städte, die sie nie erobern konnten. Dieses Bild zeigt, wie die Krieger von Tlaxcala die Azteken erfolgreich abwehren.

## Das Aztekenreich

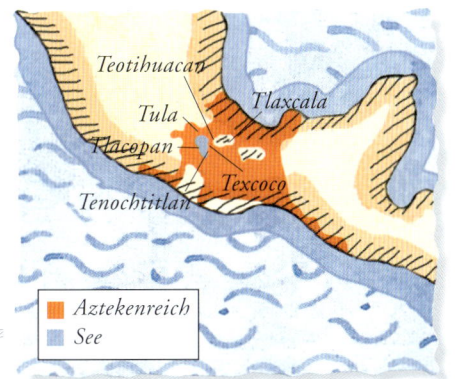

Diese Karte zeigt das Aztekenreich auf dem Höhepunkt seiner Macht. Die Azteken herrschten über die Gegend um Tenochtitlan, aber auch über angrenzende Völker. Sie erlaubten den Stammesfürsten, ihr eigenes Volk zu regieren, forderten dafür aber hohen Tribut.

Teotihuacan
Tlaxcala
Tula
Tlacopan
Texcoco
Tenochtitlan

Aztekenreich
See

## Das Haus eines Adligen

Zum Adel gehörten nur sehr wenige Azteken. Die Adligen bildeten die Führungsschicht und hatten diverse Privilegien, die gesetzlich streng geschützt waren. So durften nur Adlige in zweigeschossigen Häusern wohnen. Jeder normale Bürger, der es wagte, sich als Adliger auszugeben, wurde zum Tode verurteilt.

## Goldene Mythologie

Ein Adliger hatte bescheiden, fromm und traditionsbewusst zu sein. Die strengen Gesetze jedoch, die es gegen ehebrechende und trunksüchtige Adlige gab, machen deutlich, dass einige wohl doch gegen die guten Sitten verstießen. Der Mythos, der sich hinter diesem Goldgehänge verbirgt, mag einen Hinweis auf die Ursachen geben. Es zeigt Mictlantecuhtli, den Herrn der Toten. Er, so glaubte man, herrschte über die unterirdische Hölle. Seelen, die in sein Reich kamen, wurden für immer zerstört, sodass einige Adlige nach den Worten eines aztekischen Gedichtes beschlossen: »Wir sind nur kurz auf der Erde – lasst es uns auskosten!«

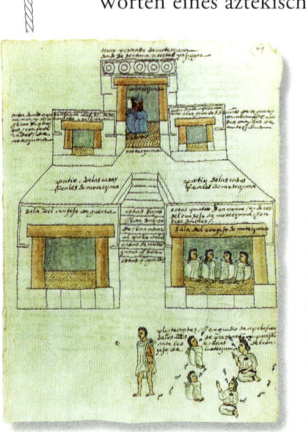

## Montezumas Palast

Auf dieser Aztekenzeichnung ist Montezumas Palast in Tenochtitlan zu sehen. Montezuma sitzt allein in seinem Thronraum. Darunter liegen die Sitzungssäle seiner Generäle (links) und Berater (rechts). Montezumas Beamte *(tecuhtli)* mussten hart arbeiten, erhielten dafür aber schöne Häuser und Ländereien, hohe Gehälter und Steuerfreiheit. Der wichtigste Beamte war ein Mann namens »Schlangenfrau« (benannt nach der wichtigen Fruchtbarkeitsgöttin). Er war oberster Minister und kümmerte sich um die Regierungsgeschäfte. Im Aztekenreich konnten nur Adlige *(pipiltin)* Regierungsbeamte werden.

# Das Leben der Reichen

Die Azteken eroberten zahlreiche Städte und zwangen sie, Tribut zu entrichten. Dadurch gelangten große Mengen wertvoller Güter nach Tenochtitlan, darunter Decken, militärische Ausrüstung, Perlen, Federn, Farbstoffe, Gold, Baumwolle, Salz, Pfeffer und Gewürze, Mais, Kakaobohnen und viele andere Dinge mehr. Einige brauchte man für öffentliche Zeremonien, andere wurden an die Adligen verteilt oder an die ortsansässigen Händler, die sie gegen andere Waren eintauschten. So wurde Tenochtitlan bald sehr reich.

**Montezuma II.**

An der Spitze der Azteken-Gesellschaft stand der *tlatoani*. Er war Herrscher, Oberpriester und Oberkommandeur der Armee. 1502 wurde Montezuma II. neunter *tlatoani* von Tenochtitlan. Die Adligen, die ihn besuchen kamen, mussten ihre feinen Kleider ablegen und sich in schäbige Decken hüllen. Sie mussten, die Augen zum Boden gerichtet, barfuß eintreten, sich dreimal verbeugen und sagen: »Mein Herr, mein großer Herr!« Ihm den Rücken zuzuwenden war verboten. Stattdessen hatten sie rückwärts zu gehen. 1520 wurde Montezuma II. – ein Jahr nach der Ankunft der Spanier – ermordet.

**Ein Adliger**

Der Adelsstand wurde normalerweise vererbt. Nur wer als großer Krieger vom Herrscher in den Kriegerverband des Jaguars oder des Adlers aufgenommen worden war (siehe Seite 23), konnte in den Adelsstand aufsteigen. Montezuma beendete auch diese Tradition.

**Tributliste**

In Listen war verzeichnet, was und wie viel die Provinzen der Aztekenhauptstadt an Steuern abgeben mussten. Die Azteken verwendeten Zahlensymbole: Ein Punkt bedeutete 1, eine Fahne 20 und eine Feder 400. Andere Zeichen standen für die Art der Güter, die nach Tenochtitlan geschickt werden mussten.

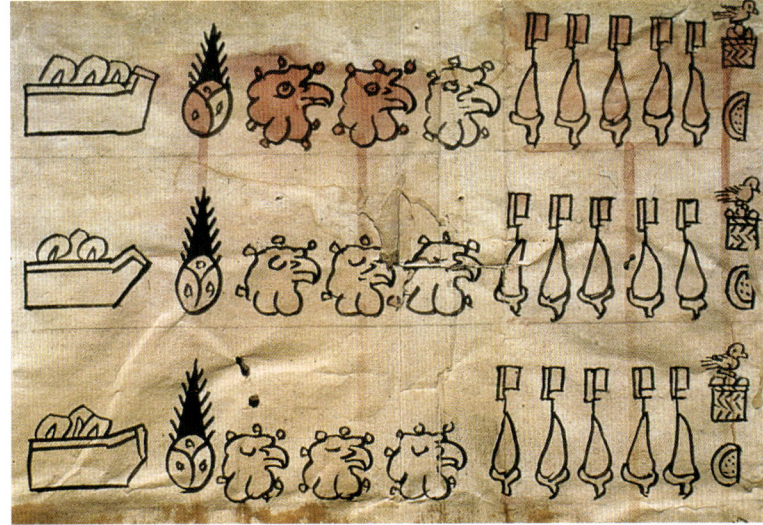

# Das Leben der Armen

**Hausgötter**
In jedem Haus fertigte die Mutter einen Schrein, der den Tempelpyramiden nachgebildet war (siehe Seite 30–31). Dort verbrannte sie Weihrauch und opferte Nahrungsmittel, ebenso wie es im Tempel üblich war. Diese Figurinen könnten Götter darstellen, doch fand man viele, die absichtlich geköpft worden waren. Daher ist es auch möglich, dass sie am Hausschrein als »Opfer« dargeboten wurden.

Die aztekische Gesellschaft war in einem strikten Klassensystem organisiert. Der Herrscher *(tlatoani)* stand an der Spitze, es folgten die Adligen *(pipiltin)* und die Bürger *(macehualli)*. Ein *macehualli* war frei, auch wenn das Wort »Untergebener« bedeutet. Jeder Bürger gehörte einem *calpolli* an, einer Gemeinschaft aus rund 100 Haushalten mit Landbesitz. Jeder *calpolli* hatte einen Ältestenrat, der das Bürgerregister führte, Land ausgab und Steuern eintrieb. Bei den Azteken erreichte ein Junge mit 20 Jahren das Mannesalter. Dann erwartete man von ihm, dass er heiratete; er und seine Frau wurden eingetragene Bürger. Die Gesellschaft war starr: Jeder blieb in der Klasse, in die er hineingeboren wurde. Den Kindern wurde sogar auf die Brust geritzt, zu welchem *calpolli* sie gehörten. Die Azteken waren nach außen angriffslustig und kriegerisch. In ihrer eigenen Gesellschaft jedoch hielten sie sich an die Regeln.

**Bauernhütte**
Die Häuser der Landarbeiter standen meist in Fünfergruppen und hatten einen gemeinsamen Innenhof. Die Wände waren aus Lehm, die Dächer mit Blättern der Maguey-Agave gedeckt. Fünf bis acht Personen aus einer oder zwei Familien lebten in einem Haus. Die Hütten waren so klein, dass fast alles draußen stattfand – Kochen und Essen, Spinnen, Getreidemahlen und Unterhaltungen.

## Sklaven

Ganz unten in der Gesellschaftsordnung standen die Sklaven *(tlacotin)*. Sie gehörten zum Tribut, den die eroberten Städte zu leisten hatten. Viele waren Verbrecher, die mit der Versklavung bestraft wurden. Landarbeiter, die Trunksucht, Glücksspiel oder ein Unglück in den Ruin getrieben hatte, verkauften sich selbst für den Rest ihrer Familie in die Sklaverei. Ein Sklave durfte nur weiterverkauft werden, wenn er faul war – beim dritten Mal aber wurde er im Tempel geopfert. Dieses Bild zeigt, wie Sklaven Chalchiuhtlicue, die Göttin des Wassers, bedienen.

### Der Besitz der Landarbeiter

Arme Familien besaßen keine Möbel und nur einfachste Kleidung. Die wenigen Dinge, die sie hatten, waren ein Steinmörser zum Mahlen von Mais, verschiedene Töpfe und eine Matratze. In jüngster Zeit haben Archäologen allerdings große Unrathaufen vor den Häusern von Landarbeitern freigelegt, in denen sich eingeführtes Tonzeug, Messer aus Obsidian, Mahlsteine und sogar Bronzenadeln fanden. Die Landarbeiter mögen arm gewesen sein, doch weil es im Reich genug Arbeit gab und Geld in Strömen floss, waren nur wenige absolut mittellos.

### Töpfe

Selbst die ärmste Aztekenfamilie brauchte Hausrat – einen Wasserkrug, eine Schüssel zum Wässern von Mais, einen flachen Rost zum Braten, Vorratsgläser, Teller, Tassen und mindestens einen dreifüßigen, flachen Mörser *(cajete)* mit Kreuzmuster im Boden, in dem Chilischoten zerstoßen wurden.

### Ein hartes Leben

Die Bürger stellten die Nahrungsmittel her, bauten Straßen, Tempel und Paläste und arbeiteten zusätzlich für die Adligen. Sie zahlten den Regierungsbeamten Steuern zum Unterhalt von Tempeln und Schulen und sie spendeten außerdem für die Witwen und Waisen. Die Hälfte seines Einkommens bezog Montezuma von den Bürgern. Diese durften laut Gesetz keine feine Kleidung tragen. Links ist ein Landarbeiter mit Lendenschurz abgebildet.

# Essen und Trinken

Zu den meisten Häusern gehörte ein großer Garten *(calmil)*. Der Herrscher hatte sogar einen botanischen Garten, in dem die Gärtner unter anderem tropische Blumen und Kakao anbauten. Weil es weder Pferde noch Ochsen oder Karren mit Rädern oder Pflüge gab, musste alles von Hand gemacht werden. An den Berghängen errichteten die Azteken Steinwälle und flache Terrassen, um Getreide anzubauen. In den heißen Tälern bauten sie Aquädukte, über die das Wasser aus den Bergen kam. Der *tlatoani* war Herr über alles Wasser – das war einer der Gründe für seine Allmacht. Einige Punkte der aztekischen Speisekarte sind auch uns vertraut: Popcorn, Kakao, geröstete Erdnüsse. Nahrung war jedoch nicht reichlich vorhanden und die spanischen Schriftsteller notierten, dass ein Azteke »so wenig wie kein anderer auf der Welt« aß. Kannibalismus war bei religiösen Anlässen so verbreitet, dass einige Historiker vermuten, Menschenfleisch sei ein wichtiger Teil der Ernährung gewesen.

**Lieblingsspeisen**

Die Azteken ernährten sich erstaunlich vielseitig. Besonders beliebt waren Kidneybohnen, Süßkartoffeln, Avocados, Mais, Kürbisse, Chilischoten, roter, gelber und grüner Pfeffer, Tomaten, Pilze, Ente, Fisch, Kaninchen und Schnecken.

**Alkohol und Rauschmittel**

Per Gesetz war es mit Ausnahme alter Frauen jedem verboten, sich zu betrinken. Nur auf Hochzeiten durften die Menschen sich mit Pulque berauschen, einem alkoholischen Getränk aus vergorenem Agavensaft. Die Reichen konnten sich *chocolatl*, ein Getränk aus Kakaobohnen und Honig, leisten. Manche wohlhabenden Azteken rauchten Tabak, indem sie sich die Nase zuhielten und den Rauch einatmeten. Montezuma II. trank jeden Abend eine Tasse Kakao und rauchte dazu. Einige Azteken nahmen Rauschmittel – *peyotl* (aus Kaktusblüten hergestellt) und *teonanacatl* (ein bitterer, schwarzer Pilz) –, die Halluzinationen auslösten.

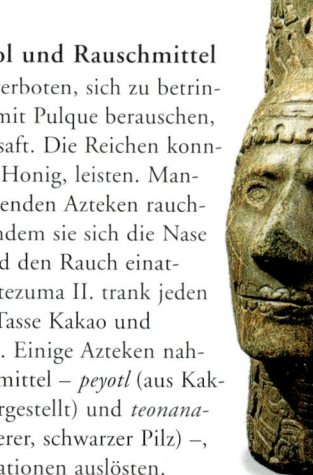

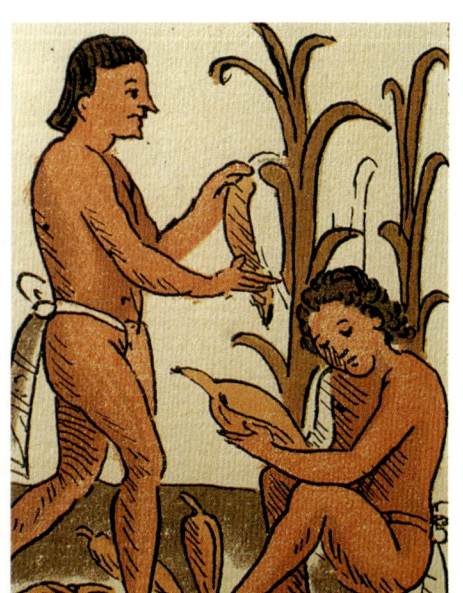

**Maisanbau**

Mais, das Hauptnahrungsmittel der Azteken, wurde im Mai gesät. Die Bauern bohrten mit einem Stab *(coa)* ein Loch und legten einen Samen hinein. Im Juli pflückten sie die weniger guten Kolben. Der reife Mais wurden im September geerntet. Er wurde gemahlen und zu kleinen runden Tortillas verarbeitet, die zu jedem Mahl gereicht wurden.

## Inseln im See

Die Azteken förderten Schlamm vom Boden des sumpfigen Sees und häuften ihn zu schwimmenden Hochbeeten namens *chinampas* auf. An den Rändern pflanzten sie als Uferbefestigung Weiden an. Der See lieferte auch Fisch und Geflügel; Blaualgen wurden zu Gebäck verarbeitet.

### Agaven

Die Maguey-Agave hatte für die Azteken besondere Bedeutung. Der harte Stamm lieferte gutes Feuerholz und stabile Zaunpfosten. Die Blätter wurden als Brennstoff und zum Decken der Häuser verwendet. Aus den Blattfasern webte man den rauen Stoff, aus dem die Kleider der Landarbeiter genäht wurden, und fertigte außerdem Seile, Papier, Sandalen, Netze, Taschen und Decken. Den Magueysaft brauchte man für süßen Sirup oder Pulque und die Stacheln dienten als Nägel und Nadeln. Sogar die Larven, die sich von den Blättern ernährten, waren eine wohlschmeckende Mahlzeit!

### Göttergaben

Die Azteken glaubten, dass alle Nahrungsmittel von den Göttern kamen. Sie hielten allein drei Feste ab, um das Maiswachstum zu fördern. Im Mai wurde der Samen im Tempel der Getreidegöttin Chicomecoatl, die links mit einem ihrer Diener zu sehen ist, gesegnet. Im Juli wurden die jungen Kolben der Maisgöttin Xilonen dargeboten. Im September feierte man das Erntefest, bei dem eine Priesterin als Chicomecoatl verkleidet getrocknete Maiskörner in die Menge warf. Die Menschen versuchten einige zu fangen, um sie im nächsten Jahr als Samen zu verwenden.

# Freizeitvergnügen

**Fliegerzeremonie**

Bei diesem religiösen
Brauch verkleideten sich
die Männer als Vögel,
weil man glaubte, die
Götter selbst träten so
auf. Die Männer schwebten an einem Seil um
einen Pfosten. Dabei
wickelte sich das Seil ab,
dessen Länge so bemessen
war, dass bis zum Erreichen des Bodens 52 Kreise beschrieben wurden.
Die Zeremonie versinnbildlichte die Vereinigung
der beiden Aztekenkalender, die nur alle 52 Jahre
stattfand (siehe Seite 27).

Für die Azteken war die Religion der Mittelpunkt ihres
Lebens. Alles, was sie
außerhalb ihrer Arbeit
taten, hatte eine religiöse Bedeutung. Die
Azteken gingen daher
auch keinen Hobbys
nach, die unseren heutigen vergleichbar wären.
Zwar amüsierten sich
die Erwachsenen bei
Festen und Spielen, die
hier beschrieben sind.
Alles hatte jedoch einen
tieferen Sinn und sollte
dem Willen der Götter
genügen.

**Aztekenorchester**

Wenn die Azteken musizierten, sangen sie
gemeinsam und stampften mit den Füßen. Das
wichtigste Instrument war die senkrecht stehende *huehuetl*-Trommel. Ihr Name (man spricht
ihn »we-wetl« aus) deutet an, wie sie klang.
Ein weiteres wichtiges Instrument war die
*teponaztli*-Trommel, eine waagrecht liegende Holztrommel. Mit den
Klöppeln, die eine Kautschukspitze
hatten, konnte man ihr zwei verschiedene Geräusche entlocken.

**Kinderspiel**

Die Kinder durften mit
ihren Spielsachen nur bis
zum Alter von drei oder vier
Jahren spielen. Danach mussten die Jungen Wasser holen,
die Mädchen ihren Müttern
im Haushalt helfen.

## Alltagsdichtung

Die Sprache der Azteken hieß Nahuatl. Das Wort für Dichtung bedeutete wörtlich »Blumen und Gesang«. Die meisten Gedichte verfassten die Azteken für den Gott Tezcatlipoca, der das Leben gab und nahm. Daher sind in vielen Gedichten Lieder und Blumen, Leben und Tod miteinander verknüpft:

*Du entstammst Blumen und Gesang.*
*Du verstreust die Blumen. Du zerstörst sie.*

Dieses Bild zeigt Xochipilli, den Gott der Musik, der Dichtung, des Tanzes und der Blumen. Xochipilli heißt übersetzt »Blume«.

## Ballspiele

Beim *tlachtli* stießen die Spieler mit den Hüften, Knien und Ellbogen einen großen Kautschukball. Der Spieler, der mit dem Ball durch einen der hoch angebrachten Ringe zu beiden Seiten des Spielfelds traf, gewann. Dieses Ballspiel war bei den Zuschauern sehr beliebt. Es hatte religiöse Bedeutung und der Verlierer wurde manchmal geopfert. Mithilfe des Spiels sagte man auch die Zukunft voraus. Als der Herrscher von Texcoco prophezeite, binnen kurzem würden Fremde über Mexiko herrschen, spielte Montezuma *tlachtli* mit ihm, um ihn zu widerlegen. Montezuma verlor 3 zu 2 und verließ beunruhigt das Spielfeld. Zwei Jahre später, im Jahr 1519, trafen die Spanier ein.

## Patolli

*Patolli* war ein Brettspiel. Die Spieler würfelten und versuchten, drei Spielsteine in einer Reihe zu bekommen. Selbst dieses einfache Spiel wurde gespielt, um den Göttern zu gefallen. Die 52 Felder standen für die Jahre des wichtigsten Aztekenkalenders. Dieses Bild zeigt, wie Macuilxochitl, Gott der Blumen und der Spiele, einem Spiel zusieht.

### Haarmode

Die Frauen gaben sich mit ihren Haaren besondere Mühe. Sie färbten sie mit Schlamm schwarz oder mit Indigo violettblau. Für gewöhnlich trugen sie zwei Zöpfe, die nach vorn geschlungen und über der Stirn festgesteckt wurden. Bei dieser Statue einer Göttin ist das Haar jedoch seitlich zu Knoten frisiert; dazu trägt sie ein perlenbesetztes Stirnband. Auch die Männer achteten auf ihre Frisur. Junge Männer zwischen 10 und 15 rasierten sich das Kopfhaar und ließen nur ein Zöpfchen stehen. Das durften sie erst abschneiden, wenn sie im Kampf einen Gefangenen gemacht hatten.

### Kosmetikspiegel

Dieser Spiegel ist aus Obsidian, einem schwarzen vulkanischen Gesteinsglas. Die Väter rieten ihren Töchtern, nicht zu sehr auf ihr Äußeres zu achten und sich nicht zu schminken – die Töchter hörten aber nicht auf sie. Die Azteken unterstrichen mit ihrem Make-up nicht die natürliche Schönheit, sondern schminkten sich kräftig: Gesicht und Körper wurden rot, gelb, blau oder grün gefärbt. Bei den Frauen war eine gelbe Gesichtsfarbe besonders beliebt. Sie schminkten sich das Gesicht mit gelbem Axin aus zerstoßenen Insekten. Die Zähne färbten sie rot und ihre Füße rieben sie mit Duftölen ein.

### Die Mode der Adligen

Dieser Adlige trägt einen bunten Baumwollumhang, einen verzierten Lendenschurz, Sandalen und eine teure Kette. Reiche Männer trugen manchmal mehrere Umhänge übereinander, um ihren Wohlstand zur Schau zu stellen.

### Prächtige Federn

Federn waren für die Kleidung eines Adligen so wichtig, dass sie in den meisten Tributlisten auftauchen (siehe Seite 5) und die Verarbeitung von Federn ein wichtiger Handwerkszweig war. Dieses Bild zeigt Montezumas Feder-Kopfschmuck. Die Federn wurden in Bambusröhrchen geschoben und mit Kaktusfasern zusammengenäht.

# Kleidung und Mode

Bei den Azteken gab es keine Mode im heutigen Wortsinn, also einen sich ständig wandelnden Zeitgeschmack. Die Kleidung hatte im Aztekenreich wie alles andere ihre Bedeutung. Sie zeigte, wie reich jemand war und welchem Stand er angehörte. Es war gesetzlich geregelt, was ein Azteke tragen durfte. Wenn ein Gewand länger war als erlaubt, sah man sich die Beine des Betreffenden an: Wiesen sie Kampfnarben auf, verfolgte man die Sache nicht weiter, wenn nicht, war er des Todes. Die meisten armen Leute trugen nur einen Lendenschurz; wenn sie sich einen Umhang leisten konnten, musste es eine grobe, weiße Decke aus der Maguey-Agave sein. Die prächtig verzierten Gewänder, wie wir sie von aztekischen Bildern kennen, waren meist dem Adel und den Göttern vorbehalten.

### Vielseitige Baumwolle

Baumwolle gedieh nicht in Tenochtitlan. Daher führten es die Azteken aus den Tiefebenen Mittelamerikas ein. Aus der Baumwolle fertigte man nicht nur Kleiderstoffe, sondern auch Bettwäsche, Taschen, Wandteppiche, Kriegskleidung und Leichentücher.

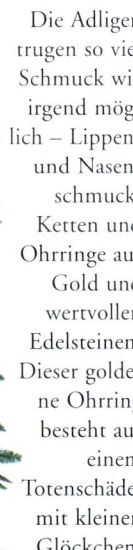

### Schmuck

Die Adligen trugen so viel Schmuck wie irgend möglich – Lippen- und Nasenschmuck, Ketten und Ohrringe aus Gold und wertvollen Edelsteinen. Dieser goldene Ohrring besteht aus einem Totenschädel mit kleinen Glöckchen.

## Teotihuacan

Fünfhundert Jahre vor Ankunft der Azteken gab es im Gebiet des heutigen Mexiko eine große Stadt. Sie hieß Teotihuacan und lag rund 80 km nordöstlich von Tenochtitlan. Auf ihrer Wanderung stießen die Azteken auf die Ruinen dieser Stadt und waren so beeindruckt, dass sie den Ort als Geburtsort der Götter verehrten. Vieles übernahmen sie aus Teotihuacan, unter anderem die Pyramiden, die Gitteranordnung der Straßen, die Götter Tlaloc und Quetzalcoatl sowie die Praxis des Menschenopfers. Reiche Adlige ließen ihre Paläste mit Steinreliefs (siehe links) verzieren, die den Steinmetzarbeiten von Teotihuacan abgeschaut waren.

## Der Tempelbereich

Hier ist der Tempelbereich von Tenochtitlan zu sehen.

*Das war die Hauptpyramide mit einem Tempel für den Regengott Tlaloc (links) und einem für Huitzilopochtli, dem Stammesgott der Azteken (rechts).*

## Schaurige Gottheit

Diese Statue verkörpert die Furcht einflößende Göttin Coatlicue, Mutter des Huitzilopochtli. Die Göttin trägt eine Halskette aus einem Totenschädel, abgetrennten Händen und Menschenherzen. Ihr Rock besteht aus Schlangen, ihre Füße sind riesige Tierklauen. Ihre Brüste sind nackt und dort, wo ihr der Kopf abgetrennt wurde, schießt das Blut in Form von Schlangen hervor. Coatlicue ist die Naturkraft, die gleichzeitig bestraft und nährt.

*Der Tempel des Quetzalcoatl, des Priestergottes, liegt in der Mitte und hat die Form einer zusammengeringelten Schlange.*

*Die Priesterunterkünfte. In diesem Gebäude befand sich auch die Klosterschule.*

# Kunst und Architektur

Kunst und Architektur der Azteken sollten den Menschen die Macht der Götter und die Stärke des Aztekenreichs ins Bewusstsein rufen. Um 1500 musste die Aztekenhauptstadt Tenochtitlan nach einer Überschwemmung wieder aufgebaut werden. Die neue Stadt sollte auf Fremde großen Eindruck machen. Über mehrere Dammstraßen mit dem Festland verbunden, wurde Tenochtitlan nach einem strengen Gittermuster aufgebaut; die Hauptstraße verlief wie die Sonne am Himmel von Ost nach West. Die Azteken hielten die Stadt für den Mittelpunkt der Erde: »Die Stadt Tenochtitlan ist stolz auf sich. Dies ist dein Ruhm, oh Spender des Lebens. Wer könnte Tenochtitlan erobern? Wer könnte das Fundament der Erde erschüttern?«

**Steinarbeiten**
Die Arbeiter im Steinbruch trennten 40 Tonnen schwere Steinquader aus dem Fels, indem sie Holzkeile in kleine Spalten trieben. In Gruppen zogen sie die Quader zur Baustelle, wo Steinmetze sie polierten und mit Metallmeißeln bearbeiteten.

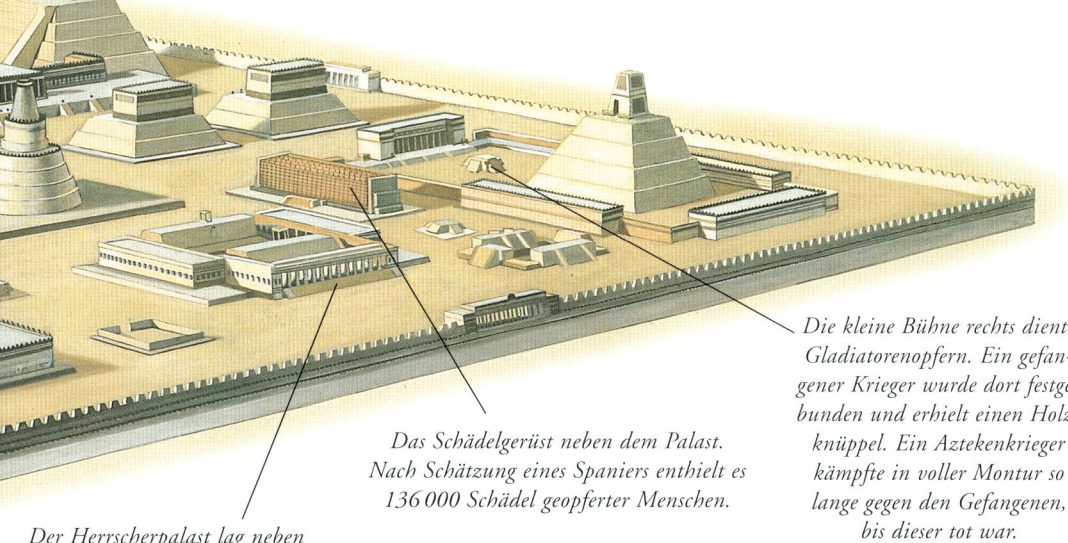

*Die kleine Bühne rechts diente Gladiatorenopfern. Ein gefangener Krieger wurde dort festgebunden und erhielt einen Holzknüppel. Ein Aztekenkrieger kämpfte in voller Montur so lange gegen den Gefangenen, bis dieser tot war.*

*Das Schädelgerüst neben dem Palast. Nach Schätzung eines Spaniers enthielt es 136 000 Schädel geopferter Menschen.*

*Der Herrscherpalast lag neben dem Quetzalcoatl-Tempel.*

**Grashüpfer**
Dieser hübsche Grashüpfer war das Symbol von Chapultepec (»Grashüpferhügel«) nördlich von Tenochtitlan. Als die Azteken noch auf Wanderschaft waren (siehe Seite 3), hatten sie dort Halt gemacht. Chapultepec war auch wegen seiner Süßwasserquellen wichtig. Das Wasser wurde über ein Aquädukt nach Tenochtitlan geführt.

# Gesundheit und Heilkunst

In Tenochtitlan gab es keine Nutztiere und der Abstand zwischen den Häusern war recht weit. Daher herrschten bessere hygienische Verhältnisse als in den meisten europäischen Städten jener Zeit. Die Azteken waren für ihre Zeit außergewöhnlich reinlich. Sie wuschen sich häufig mit reinigenden Substanzen der Seifenbaumrinde. Montezuma hatte in seinem Palast ein Schwimmbad, gewöhnliche Familien besaßen oft kleine Badehäuser. Die Azteken putzten sich die Zähne mit Salz und gemahlener Kohle, weil sie wussten, dass ihr Gebiss andernfalls schlecht würde. Auch sahen sie sich gegenseitig die Haare auf Läuse durch. Wenn jemand krank wurde, untersuchte ein Medizinmann die Symptome und verschrieb eine Behandlung. Zwar waren die Medikamente eher primitiv, doch konnten die Medizinmänner dank ihres Könnens einige Spanier kurieren, deren Krankheiten europäische Ärzte für unheilbar hielten.

**Medizinmänner**
Der Medizinmann führte verschiedene Behandlungen durch: Er massierte, stillte Blutungen, nähte Wunden und schiente gebrochene Knochen. Da er glaubte, dass ein böser Geist den Patienten krank gemacht hatte, gehörte zur Behandlung auch eine Beschwörung.

**Krankheit als Strafe**
Die Azteken glaubten, dass die Götter die meisten Krankheiten als Strafe für schlechtes Benehmen an Festtagen oder andere Vergehen verhängten. Dieses Bild zeigt den Regengott Tlaloc, dessen kalte Winde angeblich Lepra und Geschwüre über die Menschen brachten.

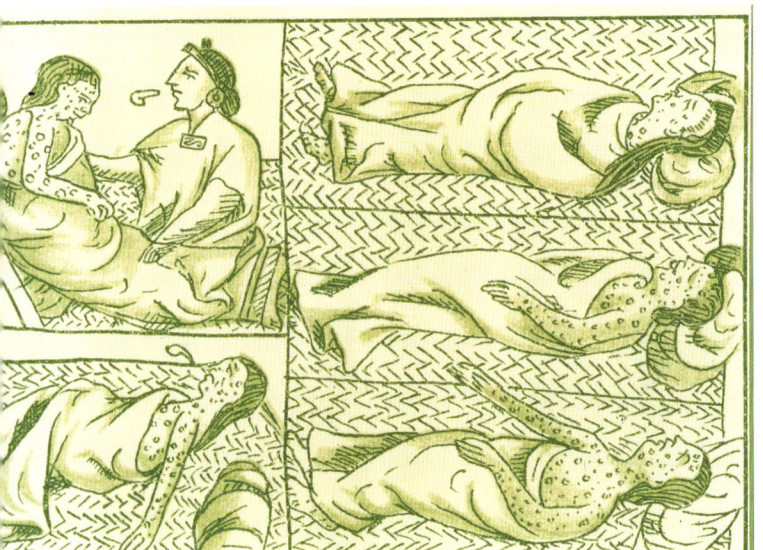

## Die Pocken

Als die Spanier nach Mexiko kamen, brachten sie bis dahin in Amerika unbekannte Krankheiten mit. Dazu gehörten auch die Pocken, gegen die die Azteken keine Abwehrkräfte besaßen. Millionen von Azteken starben an dieser Krankheit.

## Heilpflanzen

Ein guter Medizinmann kannte mehr als 1500 Heilkräuter. Gegen Halsschmerzen verschrieb er z. B. flüssigen Kautschuk zum Einreiben. Hustensaft bestand aus Honig und dem Sirup aus der Wurzel der Maguey-Agave (rechts).

## Das Schicksal eines Kindes

Dieses Bild (links) zeigt die wunderschöne Göttin Chalchiuhtlicue, Schwester des Tlaloc und Göttin des fließenden Wassers und der Geburt. Die Azteken glaubten, das Schicksal (z. B. Gesundheit oder Krankheit) eines Kindes hinge von seinem Geburtstag ab.

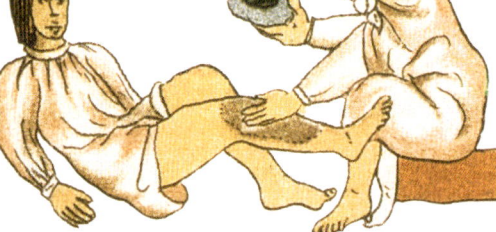

## Magische Heilung

Bei der Diagnose verabreichten die Ärzte oft eine Dosis des Rauschmittels *peyotl* (siehe Seite 8). Der Patient begann zu fantasieren und wirr zu reden. Dabei »verriet« er die Ursache seiner Krankheit. Vermutete man den Zorn der Götter, behandelte man ihn mit Gebeten und symbolischen Medikamenten wie zerstoßenem Quarz oder der Drüsenflüssigkeit des Stinktiers. Nahm man an, ein Feind habe den Kranken verzaubert, massierten so genannte Wurmzieher die betroffene Stelle, »zogen« einen Stein oder einen Wurm heraus und erklärten den Patienten für geheilt.

# Liebe und Ehe

Die Ehe war eine wichtige Angelegenheit. Ein unverheirateter Mann konnte kein Bürger werden. Männer durften so viele Frauen haben, wie sie es sich leisten konnten. Die Ehe wurde von den Eltern arrangiert, die sich den späteren Ehepartner schon aussuchten, wenn ihr Kind noch klein war. Eine ältere Frau bat als Kupplerin die Eltern des Mädchens um Zustimmung für die vorgeschlagene Verbindung. Nach der Hochzeit waren die Rollen von Frau und Mann klar festgelegt. Der Mann baute das Haus und sorgte für den Lebensunterhalt. Ein Vater riet seinem Sohn daher: »Sei nicht faul, sonst kannst du deine Frau und deine Kinder nicht ernähren!« Die Frau versorgte den Haushalt und eine Mutter riet ihrer Tochter: »Gehorche bereitwillig deinem Mann. Beschimpfe ihn nicht, sei nicht reizbar, sonst beleidigst du die Göttin Xochiquetzal!«

### Die Hochzeitszeremonie

Bei den Azteken heirateten manche Mädchen schon mit zehn Jahren. Am Tag der Hochzeit gaben die Eltern des Mädchens ein Fest. Die Braut badete, wusch sich das Haar und legte ihr Hochzeitskleid an. Nach Einbruch der Dunkelheit setzte sich der Hochzeitszug zum Haus des Bräutigams in Gang. Nach der Ankunft wurde die Ehe geschlossen, indem man die Gewänder von Braut und Bräutigam mit einem Knoten verband.

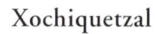

### Xochiquetzal

Xochiquetzal war die Göttin der Schönheit, der Liebe und der Ringelblumen, die für den Kreislauf von Leben und Tod standen. Wer sie beleidigte, dem schickte sie Eiterbeulen. Der Legende nach verlor Xochiquetzal ihre Jungfräulichkeit und wurde daraufhin des Himmels verwiesen. Von der Erde aus starrte sie verzweifelt unablässig zum Himmel empor und wurde vom vielen Weinen blind (weshalb, so glaubte man, niemand in die Sonne schauen kann). Entsprechend wurde, wenn ein Mädchen bei der Heirat keine Jungfrau mehr war, die Hochzeit für ungültig erklärt; die Familie des Mädchens fiel in Ungnade.

## Ehepaare

Frauen hatten andere Aufgaben als Männer. Die Männer verbrachten einen großen Teil des Jahres bei der Arbeit außer Haus. Währenddessen trugen die Frauen die Verantwortung für den Haushalt. Eine Frau, deren Mann sie vernachlässigte oder schlug, konnte sich scheiden lassen und erhielt per Gesetz die Hälfte seiner Ländereien und Besitztümer. Obgleich die Ehen arrangiert waren, wuchsen bei vielen Paaren Liebe und Glück. Das Bild links zeigt einen Mann und seine Frau gemeinsam bei der wichtigen Aufgabe des Mais-Einlagerns.

## Die Frau

Die Frauen machten sauber, kochten, webten Stoffe und versorgten die Kinder. Das Fegen galt als wichtige religiöse Tätigkeit. Die Aztekenfrauen glaubten, dass es den Göttern half, die Welt zu reinigen. »Kümmere dich ums Fegen. Steh noch in der Nacht auf und versorge den Haushalt«, rieten die Älteren einem Mädchen an ihrem Hochzeitstag.

## Kinderkriegen

Ein Ehepaar wollte auch Kinder haben. Kinderlose Ehen wurden meist geschieden. Bei der Geburt stieß die Hebamme Kriegsrufe aus, um zu zeigen, dass die werdende Mutter darum »kämpfte«, das Kind zur Welt zu bringen. Nach der Geburt zog man Astrologen zurate. Sie sagten, abhängig vom Tag der Geburt, die Zukunft des Kindes voraus. Wenn die Hebamme die Nabelschnur durchtrennte, gab sie dem Kind einen Spruch mit auf den Weg. War es ein Junge, sagte sie ihm, er müsse ein großer Krieger werden, der die Sonne mit dem Blut seiner Feinde tränke. Einem Mädchen trug sie auf, sein Leben mit Hausarbeit zu verbringen.

# Kinder

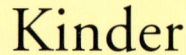

Das Gesetz schrieb jedem *calpolli* (einer Gruppe von Haushalten) vor, eine Schule einzurichten. Die Mädchen lernten Gesang und Tanz für religiöse Feste, die Jungen halfen beim Bauen und wurden zu Soldaten ausgebildet. Die Söhne der Adligen besuchten eine weiterführende Schule *(calmecac)*, wo sie Kriegsführung, Religion, Geschichte, Medizin, Mathematik, Astrologie und Recht lernten. Es gab strenge Benimmregeln und die Strafen waren hart. Jungen, die Alkohol tranken oder Mädchen nachliefen, wurden mit Pfeilen beschossen oder bei lebendigem Leib ins Feuer geworfen. Mädchen mussten bescheiden sein und den Blick

### Strafen

Die Strafen für die Kinder waren unglaublich hart. Dieser Vater hält seinen Sohn über das Feuer und zwingt ihn, den Rauch der brennenden Chilischoten einzuatmen. Das blaue Zeichen bedeutet, dass das Kind bei der Bestrafung auch eine Standpauke erhält.

zum Boden richten. Alle Kinder hatten zu gehorchen. Sie wurden dazu erzogen, sich keine eigene Meinung zu bilden. Keiner durfte anders als die anderen sein.

### Symbole

Der Mendoza-Kodex ist eine Sammlung von Zeichnungen über Gebräuche und Tributlisten, die nach der Eroberung des Aztekenreichs für den Vizekönig von Spanien zusammengetragen wurde. Die Zeichen unten vermitteln wichtige Informationen über die auf der nächsten Seite dargestellten Kinder. Die roten Kreise stehen für das Alter, die gelben Ovale für die Anzahl der Tortillas, die dem Kind pro Tag zustanden.

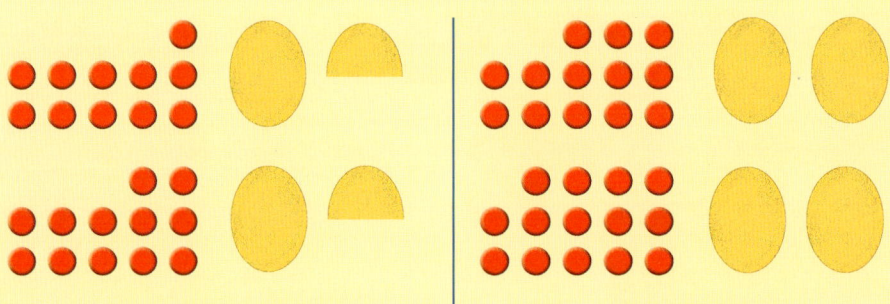

## Erziehung der Jungen

Jungen lernten vor allem die überaus wichtige Kunst des Jagens. Außerdem mussten sie mit Boot und Kanu umgehen können.

Dieser 12-jährige Junge war ungehorsam. Er wurde ausgezogen, gefesselt und in eine Schlammpfütze auf der Straße geworfen.

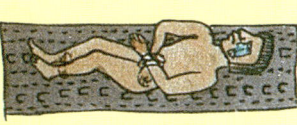

Der Vater hält ihm eine Strafpredigt.

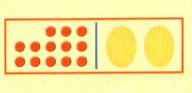

Ein 13-jährigen lernt wie man Lasten befördert und das Kanu fährt.

Diese Kenntnisse brauchte man für die Arbeit in den schwimmenden Gärten (chinampas).

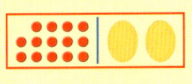

Der Bauer lehrt seinen 14-jährigen Sohn das Fischen.

In diesem Alter durfte der Junge zwei Tortillas am Tag essen. Er musste zu seinem Lebensunterhalt beitragen.

## Erziehung der Mädchen

Die Erziehung der Mädchen fand vor allem zu Hause statt. Schon sehr jung lernten sie wichtige Fertigkeiten, die sie später als Hausfrau brauchten.

Mit 12 Jahren brachte man ihnen das Mahlen von Mais und die Zubereitung von Tortillas bei.

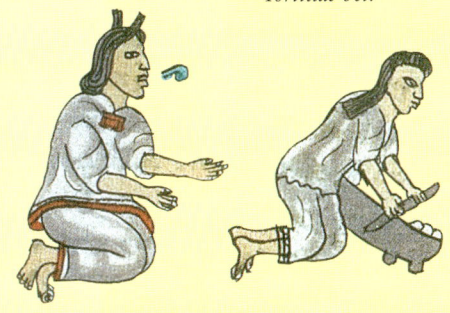

Diese 13-Jährige lernt, den Boden zu fegen. Das Fegen war eine wichtige religiöse Pflicht.

Die Azteken glaubten, dass die Frauen beim Fegen den Göttern dabei halfen, die Welt sauber zu halten.

Das Weben war Aufgabe der Frauen. Hier bringt es die Mutter ihrer 14-jährigen Tochter bei.

Das eine Ende des Webstuhls ist an der Wand befestigt, das andere Ende hat sich das Mädchen umgeschnallt.

# Krieg und Waffen

Die Azteken waren ein kriegerisches Volk, das den Krieg verherrlichte, etwa in diesem Gedicht: »Nichts ist wie der Tod im Krieg, so wertvoll für den Spender des Lebens. Ich sehe es: Mein Herz verlangt danach!« Das Aztekenreich konnte sich nur mittels Krieg ausdehnen. Der Legende nach hatte der Stammes- und Kriegsgott Huitzilopochtli den Azteken befohlen, Aztlan zu verlassen und das Land zu erobern. Wirtschaft und Wohlstand des Reichs gründeten auf dem Tribut, den die eroberten Städte leisten mussten. Die Azteken glaubten, dass die Götter einen ständigen Nachschub an Blutopfern brauchten, um die Welt zusammenzuhalten. Kriege lieferten die Opfer.

**Tödliche Zeremonie**
Die Azteken zogen nicht nur in den Krieg, um andere Völker zu besiegen und Tribut zu fordern, sondern auch um Menschenopfer zu fangen. In der Zeremonie, die hier abgebildet ist, wurden die Gefangenen gezwungen, die ganze Nacht zu tanzen. Am nächsten Morgen verbrannte man sie auf dem Scheiterhaufen.

## Kampfkleidung

Jedes *calpolli* stellte ein Regiment Männer, die in der Armee kämpfen sollten. Es gab keine Uniform. Jeder Soldat trug, was er wollte. Der Krieger unten hat Sandalen an; außerdem trägt er dicke, gepolsterte Wäsche, darüber einen bunten Rock und ein farbiges Hemd und auf dem Kopf Federschmuck. Die Montur war so unpraktisch, dass der Krieger vor dem Kampf wahrscheinlich bis auf die Unterwäsche und die Sandalen alles ablegte. Er hat einen dicken, zweischneidigen Schwertknüppel namens *maquahuitl* in der Hand, der so schwer war, dass man damit auf einen Schlag den Hals eines Pferdes durchtrennen konnte.

## Schutz

Der Schild des Kriegers bestand wahrscheinlich aus Holz, war mit Leder überzogen und mit Federn verziert, die mit einem Kleber aus Fledermausdung befestigt wurden. Im Kampf bot er wahrscheinlich nur bedingt Schutz.

## Die besten Soldaten

Die höchsten militärischen Kriegerverbände der Azteken waren die des Jaguars und des Adlers. Nur Krieger, die viele Gefangene gemacht hatten, stiegen in einen solchen Verband auf. Sie erhielten zusätzlich Land und Privilegien und übernahmen bei den zeremoniellen Tänzen, bei denen Gefangene geopfert wurden, eine besondere Rolle. Die Keramikfigur links ist eine lebensgroße Skulptur eines Adler-Kämpfers. Sie wurde von Archäologen im Adlerhaus der Großen Pyramide von Tenochtitlan gefunden.

## Gefährliche Geschosse

Die Befehlshaber begannen einen Kampf oft mit einem Hagel von Speeren. Dieses Bild zeigt zwei Speerschleudern, *atlatl* genannt. Damit konnten die Soldaten den Speer mit aller Wucht gegen den Feind schleudern.

## Kriegsblumen

Einer der befremdlichsten Bräuche der Azteken war *xochiyaotl* oder »Krieg der Blumen«. Die Kämpfer waren bestrebt, in den feindlichen Städten möglichst viele Gefangene zu machen, statt den Gegner sofort zu töten. Danach wurden die Gefangenen geopfert. Arme und Beine durften die siegreichen Kämpfer mit nach Hause nehmen und verzehren. So teilten sie das Lebensblut mit Huitzilopochtli.

# Handel und Reisen

Die Azteken gingen für ihr Leben gern auf den Markt (*tianquiz*). Den Markt von Tlatelolco (Schwesterstadt von Tenochtitlan) besuchten täglich 60 000 Menschen. Ein spanischer Priester schrieb: »Eine aztekische Hausfrau würde, wenn sie die Wahl hätte, auf den Markt zu gehen oder in den Himmel zu kommen, den Himmel wählen, jedoch darum bitten, zuerst auf den Markt gehen zu dürfen.« Die Azteken betrieben regen Handel und ihre Händler (*pochteca*) bildeten innerhalb der Bürger eine eigene Gemeinschaft mit ihren eigenen *calpolli*, die in etwa den europäischen Gilden entsprachen. Sie hatten auch ihren eigenen Schutzgott, Yacatecuhtli, dessen Symbol ein Wanderstock war. Allerdings konnten die Händler nicht wie heutige Geschäftsleute gesellschaftlich aufsteigen. Sie mussten ihre soziale Stellung genauso beibehalten wie die anderen Bürger.

## Geldbohnen

Die Azteken verwendeten Kakaobohnen als Geld – Fälscher stellten daher Bohnen aus Wachs oder Teig her. Nur die wohlhabendsten Leute konnten sich das Kakaotrinken oder Rauchen leisten. Rauchen war etwa so teuer, als rauchte man heute aus Geldscheinen gerollte Zigaretten!

24

## Der Einkauf

Dieses Bild zeigt den Aztekenmarkt (*tianguiz*) von Tlaxcala. Fleisch, Gemüse, Kräuter und andere Waren befanden sich in jeweils eigenen Gängen – vergleichbar einem heutigen Supermarkt. Die Kunden kauften die Produkte der *chinampas* (siehe Seite 9), Hunde, Leguane und wilde Truthähne aus den Tälern sowie Austern, Krabben und Schildkröten von der Küste. Daneben gab es noch vieles mehr – von Baumwolle und Sklaven bis hin zu Muschelschalen und Gold. Die Azteken kauften nicht nach Gewicht, sondern nach Menge. Händler und Kunden feilschten miteinander; es muss auf dem Markt also recht laut zugegangen sein. Aufseher der Regierung stellten sicher, dass die Waren gut sichtbar ausgelegt wurden; Betrug wurde bestraft.

### Die Sänfte

Die Azteken hatten keine Pferde. Daher war die Sänfte ein gebräuchliches Transportmittel. Hier wird jemand, der den Gott Xochipilli verkörpert, bei einer Prozession auf einer Sänfte getragen. Auch Adlige und reiche Händler ließen sich so tragen.

### Träger

Handelsreisen waren gefährliche Unternehmungen. Die Händler waren die Einzigen, denen es gestattet war, die Reichsgrenzen zu überschreiten. Sie dienten der Regierung auch als Spione. Sie waren bewaffnet und gerieten manchmal mit den Völkern aneinander, mit denen sie eigentlich Handel treiben wollen. Die Waren mussten getragen werden. Die Träger beförderten ihre Last nicht huckepack, sondern mithilfe von Kopfriemen. Vor der Abreise trafen sich die Händler und boten den Göttern Opfer dar, um gesund und sicher wieder zurückzukehren.

### Kanus

Die Azteken hatten wahrscheinlich keine Fahrzeuge mit Rädern, allerdings ist das unter Historikern umstritten. Mit Kanus brachte man die schweren Güter über den See nach Tenochtitlan; Kanäle waren auch die Hauptverkehrsstraßen der Stadt. Die Kanus der Aztekenhändler zu zerstören, kam einer Kriegserklärung gleich. Nach einer Handelsreise brachten die Händler ihre Waren heimlich in die Stadt. Bürger durften ihren Reichtum nicht zur Schau stellen, daher trugen die Händler schlichte Kleidung und gaben nicht preis, wie viel sie verdient hatten.

Echse

Schlange

Adler

Kaninchen

Wasser

Hund

Affe

Gras

Schilfrohr

Ozelot

# Wissenschaft und Technik

Nach modernen Maßstäben gab es bei den Azteken keine Wissenschaft. Ihre Technik war nicht fortschrittlicher als die der Ägypter. Sie besaßen kein Alphabet, sondern Bildzeichen. Ihre Erzeugnisse waren jedoch bezaubernd schön. Die ersten Spanier, die nach Tenochtitlan kamen, schwärmten von der prachtvollen, großzügigen Architektur dieser Stadt. Viele Historiker führen den Erfolg der Azteken darauf zurück, dass sie lernten, einfachste Werkzeuge mit großer Kunstfertigkeit zu verwenden.

### Töpferkunst

Die Azteken kannten keine Töpferscheibe. Stattdessen schichteten sie Tonwürste übereinander und formten daraus mit den Fingern das Gefäß. Glasuren gab es nicht. Die meisten Töpferwaren zu Montezumas Zeiten waren nur mit schwarzer Farbe bemalt. Reiche Azteken kauften Tongefäße aus Cholula, einer nicht aztekischen Stadt 160 km östlich von Tenochtitlan. Diese waren bunt und mit Federn, Messern, Schädeln und anderem mehr bemalt.

### Tierzauber

Die Steinmetze schufen aus Alabaster, Jade, Türkis, Bernstein und Obsidian Schmuck und religiöse Figuren. Die Handwerker von Tenochtitlan überredeten Montezuma zum Krieg gegen bestimmte Städte, um den Vorrat an Schmirgelsand, den sie zum Polieren der Steine brauchten, aufzustocken. Die Azteken liebten die Natur. Tiere waren häufig verwendete Motive. Dieses schöne Gefäß hat die Form eines Hasen.

## Kalenderstein

Die Azteken glaubten, es habe vor ihrer Gegenwart vier Zeitalter gegeben, die jeweils in einer Katastrophe endeten. Die Götter Tezcatlipoca, Quetzalcoatl, Tlaloc und Chalchiuhtlicue seien nacheinander zur Sonne geworden, dann aber zerstört worden. Die Azteken lebten demnach in der »fünften Sonne«. Der riesige, 24 Tonnen schwere Steinkalender (links) hat einen Durchmesser von fast 4 m. In der Mitte steht Tonatiuh, die fünfte Sonne. Die angrenzenden Rechtecke stellen die gescheiterten vier Sonnen dar. Umschlossen werden sie von Bildzeichen, die für die 20 Tage eines Monats stehen. Um diese wiederum winden sich zwei Feuerschlangen, deren Köpfe sich unten treffen.

## Goldschmuck

Goldschmuck wurde mit einer speziellen Wachstechnik hergestellt. Aus Holzkohle wurde eine Form angefertigt, die man mit Bienenwachs umhüllte. Danach erhielt das Ganze einen Überzug aus Kohle und Lehm. Wenn man nun heißes Gold in die Form goss, schmolz das Wachs, und das Metall nahm die gewünschte Hohlform an.

## Zeremonie des Neuen Feuers

Die Azteken hatten wie wir einen Sonnenkalender mit 365,25 Tagen im Jahr. Für religiöse Rituale griffen sie jedoch auf den heiligen Kalender mit 260 Tagen zurück. Wenn die beiden Kalender alle 52 Jahre gleichzeitig starteten, erneuerte sich die Welt. Fünf Tage vor Ende eines Zyklus löschten die Menschen ihr Herdfeuer, putzten ihre Häuser, warfen alte Kleidung weg und zerbrachen ihr Geschirr. In der fünften Nacht marschierte man mit den Priestern zum Hügel des Sterns und opferte einen Menschen, indem man ihm die Brust anzündete und das Herz verbrannte.

## Der heilige Kalender

Geier

Erstes Messer

Blume

Haus

Regen

Bewegung

Krokodil

Wind

Tod

Hirsch

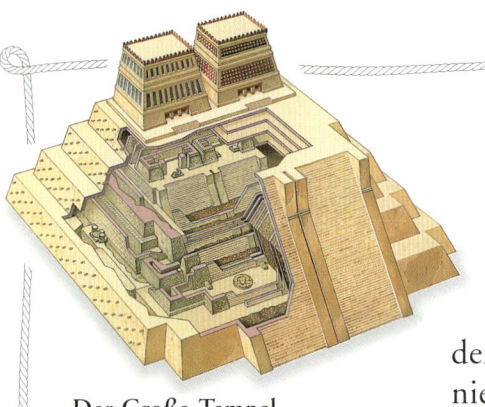

# Die Religion

Vier Tage nach der Geburt eines Kindes fand die Zeremonie der Namensgebung statt. Wie bei den Azteken üblich, hielten die Gäste dem Kind lange Reden, häufig recht niederschmetternde: »Du wirst Schmerz, Unglück und Leid sehen, kennen lernen und spüren. Diese Erde ist ein Ort der Mühsal und der Qual.« Die Azteken glaubten, dass sowohl Mütter, die bei der Geburt starben, als auch große Krieger Götter wurden, die

## Der Große Tempel

Mitten in Tenochtitlan stand ein gewaltiger Tempel, der Templo Mayor. Er wurde ständig vergrößert, bis er schließlich siebenmal so groß war wie zu Baubeginn. Als Montezuma II. an die Macht kam, maß er 90 mal 70 m und war 27 m hoch.

der Sonne bei der Überquerung des Himmels halfen. Menschen, die an Krankheiten oder durch Unfälle starben, gingen zum Land des Tlaloc, einem Paradies, wo immer Frühling war. Jeder andere musste den qualvollen Weg nach Mictlan (den Ort der Toten) gehen, wo seine Seele zerstört wurde.

## Menschenhaut

Wie die Natur fügten auch die Aztekengötter den Menschen Gutes und Böses zu. Der Häutungsgott Xipe Totec ist ein typisches Beispiel. Er war der Gott der Fruchtbarkeit, der Blumen und des Lebens. Doch er brachte auch Haut- und Augenkrankheiten. Bei einem Opfer für diesen Gott töteten die Priester die Opfer mit Pfeilen. Danach zogen sie sich die Haut des Opfers über – als Sinnbild für die neuen Pflanzen, die im Frühling den Boden bedecken.

## Der Coyolxauhqui-Stein

Der Legende nach kletterte Coyolxauhqui, als ihre Mutter Coatlicue den Gott Huitzilopochtli zur Welt brachte, mit ihren Brüdern auf den heiligen Berg und versuchte, sie zu töten. Huitzilopochtli sprang aus dem Leib seiner Mutter, zerschmetterte seine Schwester und warf sie vom Berg. Dieser Stein, den die Archäologen am Fuß der Treppen zum Haupttempel fanden, zeigt ihren zerteilten Körper. Die Geschichte erklärt, warum nach den Opferungen die Körper der Opfer die Tempeltreppen hinabgeworfen wurden.

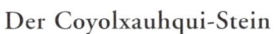

(siehe Seite 20)

## Totenpriester

Die Aztekenpriester trugen schwarze Umhänge und ließen sich Nägel und Haare lang wachsen. Ihr Haar war mit Blut eingeschmiert und sie stanken nach verfaulendem Fleisch. Es war ihre Pflicht, die korrekte Ausführung der Zeremonien und Opferungen zu überwachen. Einige unterrichteten außerdem die jungen Adligen in der Schule (siehe Seite 20). Andere waren Astrologen oder Schreiber. Aztekenpriester heirateten nicht und lebten für die Religion.

## Geschenke an die Natur

Den Azteken zufolge spendete die Natur der Menschheit das Leben. Daher hatten die Menschen der Natur Leben zurückzugeben. Sie glaubten, dass Menschenopfer nötig waren, damit die Sonne wieder aufging. Von dieser »Rückzahlung« ernährten sich die Götter. Unglaublich viele Opfer wurden getötet – in einer einzigen Zeremonie sollen es einmal 80 400 gewesen sein.

## Opferriten

Dieses Bild zeigt ein Menschenopfer. Die Azteken opferten Menschen auf verschiedene Weise. Bei einem Ritus verkörperte ein junger Mann ein Jahr lang den Gott Tezcatlipoca. Er bekam alles, was er sich wünschte, darunter vier schöne Mädchen als Ehefrauen. Doch nach einem Jahr wurde er geopfert. Bei einem anderen Anlass wurden Gefangene lebendig ins Feuer geworfen. Ehe sie starben, zog man sie jedoch wieder heraus, um ihnen das Herz auszureißen. Nach einer anderen Opferzeremonie nahmen die Leute das Fleisch der Opfer mit nach Hause und verzehrten es in einem Eintopf.

# Das Erbe
# der Vergangenheit

**Mexikanische Flagge**
Mexiko City wurde auf den Ruinen von Tenochtitlan erbaut. Der Adler auf dem Kaktus, der die mexikanische Flagge ziert, erinnert an die Ankunft der Azteken in Tenochtitlan.

Oft wird gesagt, Hernando Cortez, der Anführer der spanischen Eroberer, habe eine der bedeutendsten Zivilisationen der Erde zerstört. Denn die Azteken waren furchtlose Krieger und große Baumeister. Sie errichteten ein Reich, dessen Größe nur vom Inkareich in Peru übertroffen wurde. Ihre Gesellschaft war hervorragend organisiert und sie verfügten über ein ausgedehntes Handelsnetz. Andererseits unterwarfen sie andere Völker, deren Kultur sie durch ihre eigene ersetzten. Ihre Technik war primitiv, sie terrorisierten die Nachbarstädte und opferten zahllose Menschen. Obgleich die Spanier ihre Kultur weitgehend zerstörten, kann man bei den Nachfahren der Azteken, den Nahua, noch heute Merkmale des aztekischen Lebensstils beobachten – von den Häusern, in denen sie leben, bis hin zur Religion.

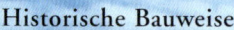

**Historische Bauweise**
Viele Nachkommen der Azteken leben in Häusern, die wie diejenigen ihrer Vorfahren aus Lehm gebaut sind. Kochkunst und Handwerk sind traditionell. Mehr als eine Million Menschen sprechen Nahuatl, die Sprache der Azteken. Von 20 Mexikanern haben 19 Aztekenblut in den Adern.

**Aztekenpyramide**
Diese Pyramide von Chichen Itza wurde von den Maya erbaut. Sie hatte einen großen Einfluss auf die Baukunst der Azteken, die die Stufenkonstruktion übernahmen. An bestimmten Tagen, wenn die Sonne unterging, schien sich die Pyramide aufgrund der sich bewegenden Schatten zu drehen. Die Azteken erkannten darin die Windungen des Schlangengottes Quetzalcoatl.

## Die Niederlage der Azteken

Am Karfreitag des Jahres 1519 landete Hernando Cortez mit 600 Soldaten an der mexikanischen Küste. Nur drei Jahre später musste sich das Aztekenreich ergeben, Tenochtitlan lag in Trümmern. Die Azteken kamen mit ihren Waffen und ihrer Kriegstaktik nicht gegen die Spanier an, denen die zahlreichen Feinde der Azteken zu Hilfe eilten. Als die Azteken, trotz all der Opfer, die sie den Göttern brachten, von den Spaniern besiegt wurden, war es mit ihrer Disziplin zu Ende. Ihr Erfolg und ihr Selbstbewusstsein gründeten auf dem Glauben, dass die Götter auf ihrer Seite waren. Ein Gedicht verkündete traurig:

*Nichts bleibt in Mexiko*
*als Blumen und Lieder des Kummers.*
*Wir sind am Boden zerstört;*
*wir liegen in Schutt und Asche.*
*Seid Ihr Eurer Diener müde?*
*Seid Ihr böse auf Eure Diener,*
*oh Spender des Lebens?*

## Eine neue Religion

Die Spanier unterdrückten schon bald die Religion der Azteken und verbreiteten den katholischen Glauben. Viele Azteken waren gern bereit, einen Gott zu ehren, dem sie nicht ständig Menschen opfern mussten – der vielmehr seinen Sohn dem Tod übergeben hatte, um die Menschen zu erretten. Heute sind viele Nahua (Nachkommen der Azteken) überzeugte Christen. Nur einige wenige möchten gern zur alten Religion zurückkehren. Spuren der Aztekengötter sind auch in christlichen Festen erhalten. So verstreuen die Nahua am 2. November, an Allerheiligen, Ringelblumen, die früher Xochiquetzal geweiht waren.

# Schon gewusst ...?

... dass man auch im Internet Informationen über das Reich der Azteken finden kann?

**Allgemeine Informationen über die Azteken** (deutsch)

http://www.indianer-welt.de/meso/aztek/aztek.htm

**Aztekische Mythologie und Religion** (deutsch)

http://wwwcip.informatik.uni-erlangen.de/user/jngottsc/azt_einl.html

**Eine sehr ausführliche Seite über die Azteken** (englisch)

http://northcoast.com/~spdtom/aztec.html

## Aussprache

### So spricht man die Namen der bekanntesten Aztekengötter aus:

Chalchiuhtlicue (Göttin des fließenden Wassers und der Geburt): **Tschal-tschi-wit-li-kwe**

Chicomecoatl (Getreidegöttin): **Tschi-ko-me-ko-atl**

Coatlicue (Erdgöttin mit Schlangenrock): **Ko-at-li-kwe**

Coyolxauhqui (Mondgöttin): **Ko-jol-schau-ki**

Huitzilopochtli (Stammes- und Kriegsgott): **Wit-sil-o-potsch-tli**

Macuilxochitl (Gott der Blumen und der Spiele): **Ma-kwil-scho-tschitl**

Mictlantecuhtli (Herr der Toten): **Mis-tlan-te-kwu-tli**

Quetzalcoatl (Schöpfergott): **Ke-tsal-ko-atl**

Tezcatlipoca (Gott der Nacht): **Tes-kat-li-po-ka**

Tlaloc (Regengott): **Kla-lok**

Tonatiuh (Sonnengott): **To-na-ti-u**

Xilonen (Maisgöttin): **Schi-lo-nen**

Xipe Totec (Fruchtbarkeitsgott): **Schi-pe To-tek**

Xochipilli (Gott der Musik, Dichtung, Blumen und des Tanzes): **Schi-tschi-pi-li**

Xochiquetzal (Göttin der Schönheit, Liebe und Ringelblumen): **Sscho-tschi-ke-tsal**

Yacatecuhtli (Gott der Reisenden): **Ja-ka-te-kwu-tli**

Die Deutsche Bibliothek – CIP-Einheitsaufnahme

Die Azteken / John D. Clare. Aus dem Engl. von Anne Emmert. - München : ArsEd., 2001
(Wissen der Welt) Einheitssacht.: Aztec life <dt.> ISBN 3-7607-4705-1

Copyright © 2001 für die deutsche Ausgabe: arsEdition, München
Aus dem Englischen von Anne Emmert
Redaktion: Bettina Gratzki, Magda-Lia Bloos
Umschlaggestaltung der deutschen Ausgabe: Eva Schindler
First Published in Great Britain by ticktock Publishing Ltd.
Titel der Originalausgabe: »Aztec Life«
© 2000 ticktock Publishing Ltd. · Alle Rechte vorbehalten
Printed in Belgium · ISBN 3-7607-4705-1

Danksagung: Der Verlag bedankt sich bei David Drew und Elizabeth Wiggans für ihre Mithilfe.

Bildnachweis: o = oben, u = unten, M = Mitte, l = links, r = rechts, Uv = Umschlag vorne, Uh = Umschlag hinten
AKG: 2/3M, 2ol & Uv (Hauptbild), 8M, 8/9Mu, 11Ml, 14ol, 16ul, 17o, 19M, 22ul & Uhol; Ancient Art & Architecture: UvMu, 7ur, 12ol, 18/19M, 29Ml; Ann Ronan @ Image Select: 13or; Asia: 10Ml; Corbis: 30/31M; Elizabeth Baquedane: 9r, 14u, 18ol, 21ur, 22/23M, 24ol, 28M, 31Mr; et archive: Uvr, 0, 2ul, 3uM, 5or, 6/7M, 7or, 8ul, 9o, 10ur, 11ur, 12ol, 13ur & UhMr, 15ol, 16ol, 17Ml & Uhu, 19o, 24/25 & 32, 28/29M, 31Mo; Image Select: 4M & UvM, 5ur, 20/21 (alle); Planet Earth Pictures: 27M; Spectrum Colour Library: 8ol; Nick Saunders/Barbara Heller @ Werner Forman: 10Ml; Werner Forman: 5M & 29ur, 6uM, 10ol, 12Mo, 12/13ol, 23Mr, 24r, 26ol, 26u, 26/27M, 28ul, 30Ml.

Der Verlag hat sich bemüht, alle Rechteinhaber zu ermitteln. Sollte dies in Einzelfällen bedauerlicherweise nicht gelungen sein, wird die fehlende Angabe in der nächsten Auflage ergänzt.

# Register